Achats & Recettes

RAISON SOCIALE : ....

ETABLISSEMENT : ....

ADRESSE : ....

TELEPHONE : ....

EMAIL : ....

N° DE SIREN : ....

MOIS .... **ACHATS**

	DATE	NUMERO DE FACTURE	FOURNISSEUR	DESCRIPTION	MODE DE REGLEMENT	MONTANT
1.						
2.						
3.						
4.						
5.						
6.						
7.						
8.						
9.						
10.						
11.						
12.						
13.						
14.						
15.						
16.						
17.						
18.						
19.						
20.						
21.						
22.						
23.						
24.						
25.						
26.						
					TOTAUX	
					ANCIEN SOLDE	
					NOUVEAU SOLDE	

MOIS ....

RECETTES

DATE	NUMERO DE FACTURE	CLIENT	DESIGNATION	MODE DE REGLEMENT	MONTANT
1.					
2.					
3.					
4.					
5.					
6.					
7.					
8.					
9.					
10.					
11.					
12.					
13.					
14.					
15.					
16.					
17.					
18.					
19.					
20.					
21.					
22.					
23.					
24.					
25.					
26.					
				TOTAUX	
				ANCIEN SOLDE	
				NOUVEAU SOLDE	

MOIS .... **ACHATS**

	DATE	NUMERO DE FACTURE	FOURNISSEUR	DESCRIPTION	MODE DE REGLEMENT	MONTANT
1.						
2.						
3.						
4.						
5.						
6.						
7.						
8.						
9.						
10.						
11.						
12.						
13.						
14.						
15.						
16.						
17.						
18.						
19.						
20.						
21.						
22.						
23.						
24.						
25.						
26.						
					TOTAUX	
					ANCIEN SOLDE	
					NOUVEAU SOLDE	

MOIS ....

RECETTES

DATE	NUMERO DE FACTURE	CLIENT	DESIGNATION	MODE DE REGLEMENT	MONTANT
1.					
2.					
3.					
4.					
5.					
6.					
7.					
8.					
9.					
10.					
11.					
12.					
13.					
14.					
15.					
16.					
17.					
18.					
19.					
20.					
21.					
22.					
23.					
24.					
25.					
26.					
				TOTAUX	
				ANCIEN SOLDE	
				NOUVEAU SOLDE	

MOIS .... **ACHATS**

DATE	NUMERO DE FACTURE	FOURNISSEUR	DESCRIPTION	MODE DE REGLEMENT	MONTANT
1.					
2.					
3.					
4.					
5.					
6.					
7.					
8.					
9.					
10.					
11.					
12.					
13.					
14.					
15.					
16.					
17.					
18.					
19.					
20.					
21.					
22.					
23.					
24.					
25.					
26.					
				TOTAUX	
				ANCIEN SOLDE	
				NOUVEAU SOLDE	

MOIS .... **RECETTES**

DATE	NUMERO DE FACTURE	CLIENT	DESIGNATION	MODE DE REGLEMENT	MONTANT
1.					
2.					
3.					
4.					
5.					
6.					
7.					
8.					
9.					
10.					
11.					
12.					
13.					
14.					
15.					
16.					
17.					
18.					
19.					
20.					
21.					
22.					
23.					
24.					
25.					
26.					
				TOTAUX	
				ANCIEN SOLDE	
				NOUVEAU SOLDE	

MOIS .... # ACHATS

	DATE	NUMERO DE FACTURE	FOURNISSEUR	DESCRIPTION	MODE DE REGLEMENT	MONTANT
1.						
2.						
3.						
4.						
5.						
6.						
7.						
8.						
9.						
10.						
11.						
12.						
13.						
14.						
15.						
16.						
17.						
18.						
19.						
20.						
21.						
22.						
23.						
24.						
25.						
26.						
					TOTAUX	
					ANCIEN SOLDE	
					NOUVEAU SOLDE	

MOIS ....

RECETTES

	DATE	NUMERO DE FACTURE	CLIENT	DESIGNATION	MODE DE REGLEMENT	MONTANT
1.						
2.						
3.						
4.						
5.						
6.						
7.						
8.						
9.						
10.						
11.						
12.						
13.						
14.						
15.						
16.						
17.						
18.						
19.						
20.						
21.						
22.						
23.						
24.						
25.						
26.						
					TOTAUX	
					ANCIEN SOLDE	
					NOUVEAU SOLDE	

MOIS .... **ACHATS**

	DATE	NUMERO DE FACTURE	FOURNISSEUR	DESCRIPTION	MODE DE REGLEMENT	MONTANT
1.						
2.						
3.						
4.						
5.						
6.						
7.						
8.						
9.						
10.						
11.						
12.						
13.						
14.						
15.						
16.						
17.						
18.						
19.						
20.						
21.						
22.						
23.						
24.						
25.						
26.						
					TOTAUX	
					ANCIEN SOLDE	
					NOUVEAU SOLDE	

MOIS ....

RECETTES

	DATE	NUMERO DE FACTURE	CLIENT	DESIGNATION	MODE DE REGLEMENT	MONTANT
1.						
2.						
3.						
4.						
5.						
6.						
7.						
8.						
9.						
10.						
11.						
12.						
13.						
14.						
15.						
16.						
17.						
18.						
19.						
20.						
21.						
22.						
23.						
24.						
25.						
26.						
					TOTAUX	
					ANCIEN SOLDE	
					NOUVEAU SOLDE	

MOIS ....   **ACHATS**

DATE	NUMERO DE FACTURE	FOURNISSEUR	DESCRIPTION	MODE DE REGLEMENT	MONTANT
1.					
2.					
3.					
4.					
5.					
6.					
7.					
8.					
9.					
10.					
11.					
12.					
13.					
14.					
15.					
16.					
17.					
18.					
19.					
20.					
21.					
22.					
23.					
24.					
25.					
26.					
				TOTAUX	
				ANCIEN SOLDE	
				NOUVEAU SOLDE	

MOIS .... **RECETTES**

DATE	NUMERO DE FACTURE	CLIENT	DESIGNATION	MODE DE REGLEMENT	MONTANT
1.					
2.					
3.					
4.					
5.					
6.					
7.					
8.					
9.					
10.					
11.					
12.					
13.					
14.					
15.					
16.					
17.					
18.					
19.					
20.					
21.					
22.					
23.					
24.					
25.					
26.					
				TOTAUX	
				ANCIEN SOLDE	
				NOUVEAU SOLDE	

MOIS .... **ACHATS**

	DATE	NUMERO DE FACTURE	FOURNISSEUR	DESCRIPTION	MODE DE REGLEMENT	MONTANT
1.						
2.						
3.						
4.						
5.						
6.						
7.						
8.						
9.						
10.						
11.						
12.						
13.						
14.						
15.						
16.						
17.						
18.						
19.						
20.						
21.						
22.						
23.						
24.						
25.						
26.						
					TOTAUX	
					ANCIEN SOLDE	
					NOUVEAU SOLDE	

MOIS ....

RECETTES

	DATE	NUMERO DE FACTURE	CLIENT	DESIGNATION	MODE DE REGLEMENT	MONTANT
1.						
2.						
3.						
4.						
5.						
6.						
7.						
8.						
9.						
10.						
11.						
12.						
13.						
14.						
15.						
16.						
17.						
18.						
19.						
20.						
21.						
22.						
23.						
24.						
25.						
26.						
					TOTAUX	
					ANCIEN SOLDE	
					NOUVEAU SOLDE	

MOIS .... **ACHATS**

	DATE	NUMERO DE FACTURE	FOURNISSEUR	DESCRIPTION	MODE DE REGLEMENT	MONTANT
1.						
2.						
3.						
4.						
5.						
6.						
7.						
8.						
9.						
10.						
11.						
12.						
13.						
14.						
15.						
16.						
17.						
18.						
19.						
20.						
21.						
22.						
23.						
24.						
25.						
26.						
					TOTAUX	
					ANCIEN SOLDE	
					NOUVEAU SOLDE	

MOIS .... **RECETTES**

	DATE	NUMERO DE FACTURE	CLIENT	DESIGNATION	MODE DE REGLEMENT	MONTANT
1.						
2.						
3.						
4.						
5.						
6.						
7.						
8.						
9.						
10.						
11.						
12.						
13.						
14.						
15.						
16.						
17.						
18.						
19.						
20.						
21.						
22.						
23.						
24.						
25.						
26.						
					TOTAUX	
					ANCIEN SOLDE	
					NOUVEAU SOLDE	

MOIS .... **ACHATS**

DATE	NUMERO DE FACTURE	FOURNISSEUR	DESCRIPTION	MODE DE REGLEMENT	MONTANT
1.					
2.					
3.					
4.					
5.					
6.					
7.					
8.					
9.					
10.					
11.					
12.					
13.					
14.					
15.					
16.					
17.					
18.					
19.					
20.					
21.					
22.					
23.					
24.					
25.					
26.					
				TOTAUX	
				ANCIEN SOLDE	
				NOUVEAU SOLDE	

MOIS .... **RECETTES**

	DATE	NUMERO DE FACTURE	CLIENT	DESIGNATION	MODE DE REGLEMENT	MONTANT
1.						
2.						
3.						
4.						
5.						
6.						
7.						
8.						
9.						
10.						
11.						
12.						
13.						
14.						
15.						
16.						
17.						
18.						
19.						
20.						
21.						
22.						
23.						
24.						
25.						
26.						
					TOTAUX	
					ANCIEN SOLDE	
					NOUVEAU SOLDE	

MOIS .... **ACHATS**

	DATE	NUMERO DE FACTURE	FOURNISSEUR	DESCRIPTION	MODE DE REGLEMENT	MONTANT
1.						
2.						
3.						
4.						
5.						
6.						
7.						
8.						
9.						
10.						
11.						
12.						
13.						
14.						
15.						
16.						
17.						
18.						
19.						
20.						
21.						
22.						
23.						
24.						
25.						
26.						
					TOTAUX	
					ANCIEN SOLDE	
					NOUVEAU SOLDE	

RECETTES

MOIS ....

DATE	NUMERO DE FACTURE	CLIENT	DESIGNATION	MODE DE REGLEMENT	MONTANT
1.					
2.					
3.					
4.					
5.					
6.					
7.					
8.					
9.					
10.					
11.					
12.					
13.					
14.					
15.					
16.					
17.					
18.					
19.					
20.					
21.					
22.					
23.					
24.					
25.					
26.					
				TOTAUX	
				ANCIEN SOLDE	
				NOUVEAU SOLDE	

MOIS .... **ACHATS**

DATE	NUMERO DE FACTURE	FOURNISSEUR	DESCRIPTION	MODE DE REGLEMENT	MONTANT
1.					
2.					
3.					
4.					
5.					
6.					
7.					
8.					
9.					
10.					
11.					
12.					
13.					
14.					
15.					
16.					
17.					
18.					
19.					
20.					
21.					
22.					
23.					
24.					
25.					
26.					
				TOTAUX	
				ANCIEN SOLDE	
				NOUVEAU SOLDE	

MOIS ....

RECETTES

DATE	NUMERO DE FACTURE	CLIENT	DESIGNATION	MODE DE REGLEMENT	MONTANT
1.					
2.					
3.					
4.					
5.					
6.					
7.					
8.					
9.					
10.					
11.					
12.					
13.					
14.					
15.					
16.					
17.					
18.					
19.					
20.					
21.					
22.					
23.					
24.					
25.					
26.					
				TOTAUX	
				ANCIEN SOLDE	
				NOUVEAU SOLDE	

MOIS .... **ACHATS**

	DATE	NUMERO DE FACTURE	FOURNISSEUR	DESCRIPTION	MODE DE REGLEMENT	MONTANT
1.						
2.						
3.						
4.						
5.						
6.						
7.						
8.						
9.						
10.						
11.						
12.						
13.						
14.						
15.						
16.						
17.						
18.						
19.						
20.						
21.						
22.						
23.						
24.						
25.						
26.						
					TOTAUX	
					ANCIEN SOLDE	
					NOUVEAU SOLDE	

RECETTES

MOIS ....

	DATE	NUMERO DE FACTURE	CLIENT	DESIGNATION	MODE DE REGLEMENT	MONTANT
1.						
2.						
3.						
4.						
5.						
6.						
7.						
8.						
9.						
10.						
11.						
12.						
13.						
14.						
15.						
16.						
17.						
18.						
19.						
20.						
21.						
22.						
23.						
24.						
25.						
26.						
					TOTAUX	
					ANCIEN SOLDE	
					NOUVEAU SOLDE	

MOIS .... **ACHATS**

DATE	NUMERO DE FACTURE	FOURNISSEUR	DESCRIPTION	MODE DE REGLEMENT	MONTANT
1.					
2.					
3.					
4.					
5.					
6.					
7.					
8.					
9.					
10.					
11.					
12.					
13.					
14.					
15.					
16.					
17.					
18.					
19.					
20.					
21.					
22.					
23.					
24.					
25.					
26.					
				TOTAUX	
				ANCIEN SOLDE	
				NOUVEAU SOLDE	

MOIS ....

RECETTES

	DATE	NUMERO DE FACTURE	CLIENT	DESIGNATION	MODE DE REGLEMENT	MONTANT
1.						
2.						
3.						
4.						
5.						
6.						
7.						
8.						
9.						
10.						
11.						
12.						
13.						
14.						
15.						
16.						
17.						
18.						
19.						
20.						
21.						
22.						
23.						
24.						
25.						
26.						
					TOTAUX	
					ANCIEN SOLDE	
					NOUVEAU SOLDE	

MOIS .... # ACHATS

	DATE	NUMERO DE FACTURE	FOURNISSEUR	DESCRIPTION	MODE DE REGLEMENT	MONTANT
1.						
2.						
3.						
4.						
5.						
6.						
7.						
8.						
9.						
10.						
11.						
12.						
13.						
14.						
15.						
16.						
17.						
18.						
19.						
20.						
21.						
22.						
23.						
24.						
25.						
26.						
					TOTAUX	
					ANCIEN SOLDE	
					NOUVEAU SOLDE	

MOIS .... **RECETTES**

	DATE	NUMERO DE FACTURE	CLIENT	DESIGNATION	MODE DE REGLEMENT	MONTANT
1.						
2.						
3.						
4.						
5.						
6.						
7.						
8.						
9.						
10.						
11.						
12.						
13.						
14.						
15.						
16.						
17.						
18.						
19.						
20.						
21.						
22.						
23.						
24.						
25.						
26.						
					TOTAUX	
					ANCIEN SOLDE	
					NOUVEAU SOLDE	

MOIS .... **ACHATS**

DATE	NUMERO DE FACTURE	FOURNISSEUR	DESCRIPTION	MODE DE REGLEMENT	MONTANT
1.					
2.					
3.					
4.					
5.					
6.					
7.					
8.					
9.					
10.					
11.					
12.					
13.					
14.					
15.					
16.					
17.					
18.					
19.					
20.					
21.					
22.					
23.					
24.					
25.					
26.					
				TOTAUX	
				ANCIEN SOLDE	
				NOUVEAU SOLDE	

MOIS .... **RECETTES**

DATE	NUMERO DE FACTURE	CLIENT	DESIGNATION	MODE DE REGLEMENT	MONTANT
1.					
2.					
3.					
4.					
5.					
6.					
7.					
8.					
9.					
10.					
11.					
12.					
13.					
14.					
15.					
16.					
17.					
18.					
19.					
20.					
21.					
22.					
23.					
24.					
25.					
26.					
				TOTAUX	
				ANCIEN SOLDE	
				NOUVEAU SOLDE	

MOIS ....   **ACHATS**

	DATE	NUMERO DE FACTURE	FOURNISSEUR	DESCRIPTION	MODE DE REGLEMENT	MONTANT
1.						
2.						
3.						
4.						
5.						
6.						
7.						
8.						
9.						
10.						
11.						
12.						
13.						
14.						
15.						
16.						
17.						
18.						
19.						
20.						
21.						
22.						
23.						
24.						
25.						
26.						
					TOTAUX	
					ANCIEN SOLDE	
					NOUVEAU SOLDE	

MOIS .... **RECETTES**

	DATE	NUMERO DE FACTURE	CLIENT	DESIGNATION	MODE DE REGLEMENT	MONTANT
1.						
2.						
3.						
4.						
5.						
6.						
7.						
8.						
9.						
10.						
11.						
12.						
13.						
14.						
15.						
16.						
17.						
18.						
19.						
20.						
21.						
22.						
23.						
24.						
25.						
26.						
					TOTAUX	
					ANCIEN SOLDE	
					NOUVEAU SOLDE	

MOIS ....

ACHATS

DATE	NUMERO DE FACTURE	FOURNISSEUR	DESCRIPTION	MODE DE REGLEMENT	MONTANT
1.					
2.					
3.					
4.					
5.					
6.					
7.					
8.					
9.					
10.					
11.					
12.					
13.					
14.					
15.					
16.					
17.					
18.					
19.					
20.					
21.					
22.					
23.					
24.					
25.					
26.					
				TOTAUX	
				ANCIEN SOLDE	
				NOUVEAU SOLDE	

MOIS .... **RECETTES**

DATE	NUMERO DE FACTURE	CLIENT	DESIGNATION	MODE DE REGLEMENT	MONTANT
1.					
2.					
3.					
4.					
5.					
6.					
7.					
8.					
9.					
10.					
11.					
12.					
13.					
14.					
15.					
16.					
17.					
18.					
19.					
20.					
21.					
22.					
23.					
24.					
25.					
26.					
				TOTAUX	
				ANCIEN SOLDE	
				NOUVEAU SOLDE	

MOIS .... **ACHATS**

DATE	NUMERO DE FACTURE	FOURNISSEUR	DESCRIPTION	MODE DE REGLEMENT	MONTANT
1.					
2.					
3.					
4.					
5.					
6.					
7.					
8.					
9.					
10.					
11.					
12.					
13.					
14.					
15.					
16.					
17.					
18.					
19.					
20.					
21.					
22.					
23.					
24.					
25.					
26.					
				TOTAUX	
				ANCIEN SOLDE	
				NOUVEAU SOLDE	

MOIS .... **RECETTES**

	DATE	NUMERO DE FACTURE	CLIENT	DESIGNATION	MODE DE REGLEMENT	MONTANT
1.						
2.						
3.						
4.						
5.						
6.						
7.						
8.						
9.						
10.						
11.						
12.						
13.						
14.						
15.						
16.						
17.						
18.						
19.						
20.						
21.						
22.						
23.						
24.						
25.						
26.						
					TOTAUX	
					ANCIEN SOLDE	
					NOUVEAU SOLDE	

MOIS .... **ACHATS**

	DATE	NUMERO DE FACTURE	FOURNISSEUR	DESCRIPTION	MODE DE REGLEMENT	MONTANT
1.						
2.						
3.						
4.						
5.						
6.						
7.						
8.						
9.						
10.						
11.						
12.						
13.						
14.						
15.						
16.						
17.						
18.						
19.						
20.						
21.						
22.						
23.						
24.						
25.						
26.						
					TOTAUX	
					ANCIEN SOLDE	
					NOUVEAU SOLDE	

MOIS .... # RECETTES

DATE	NUMERO DE FACTURE	CLIENT	DESIGNATION	MODE DE REGLEMENT	MONTANT
1.					
2.					
3.					
4.					
5.					
6.					
7.					
8.					
9.					
10.					
11.					
12.					
13.					
14.					
15.					
16.					
17.					
18.					
19.					
20.					
21.					
22.					
23.					
24.					
25.					
26.					
				TOTAUX	
				ANCIEN SOLDE	
				NOUVEAU SOLDE	

MOIS .... **ACHATS**

	DATE	NUMERO DE FACTURE	FOURNISSEUR	DESCRIPTION	MODE DE REGLEMENT	MONTANT
1.						
2.						
3.						
4.						
5.						
6.						
7.						
8.						
9.						
10.						
11.						
12.						
13.						
14.						
15.						
16.						
17.						
18.						
19.						
20.						
21.						
22.						
23.						
24.						
25.						
26.						
					TOTAUX	
					ANCIEN SOLDE	
					NOUVEAU SOLDE	

MOIS ....

RECETTES

	DATE	NUMERO DE FACTURE	CLIENT	DESIGNATION	MODE DE REGLEMENT	MONTANT
1.						
2.						
3.						
4.						
5.						
6.						
7.						
8.						
9.						
10.						
11.						
12.						
13.						
14.						
15.						
16.						
17.						
18.						
19.						
20.						
21.						
22.						
23.						
24.						
25.						
26.						
					TOTAUX	
					ANCIEN SOLDE	
					NOUVEAU SOLDE	

MOIS ....

ACHATS

DATE	NUMERO DE FACTURE	FOURNISSEUR	DESCRIPTION	MODE DE REGLEMENT	MONTANT
1.					
2.					
3.					
4.					
5.					
6.					
7.					
8.					
9.					
10.					
11.					
12.					
13.					
14.					
15.					
16.					
17.					
18.					
19.					
20.					
21.					
22.					
23.					
24.					
25.					
26.					
				TOTAUX	
				ANCIEN SOLDE	
				NOUVEAU SOLDE	

MOIS ....

RECETTES

	DATE	NUMERO DE FACTURE	CLIENT	DESIGNATION	MODE DE REGLEMENT	MONTANT
1.						
2.						
3.						
4.						
5.						
6.						
7.						
8.						
9.						
10.						
11.						
12.						
13.						
14.						
15.						
16.						
17.						
18.						
19.						
20.						
21.						
22.						
23.						
24.						
25.						
26.						
					TOTAUX	
					ANCIEN SOLDE	
					NOUVEAU SOLDE	

MOIS ....   **ACHATS**

	DATE	NUMERO DE FACTURE	FOURNISSEUR	DESCRIPTION	MODE DE REGLEMENT	MONTANT
1.						
2.						
3.						
4.						
5.						
6.						
7.						
8.						
9.						
10.						
11.						
12.						
13.						
14.						
15.						
16.						
17.						
18.						
19.						
20.						
21.						
22.						
23.						
24.						
25.						
26.						
					TOTAUX	
					ANCIEN SOLDE	
					NOUVEAU SOLDE	

MOIS ....

RECETTES

	DATE	NUMERO DE FACTURE	CLIENT	DESIGNATION	MODE DE REGLEMENT	MONTANT
1.						
2.						
3.						
4.						
5.						
6.						
7.						
8.						
9.						
10.						
11.						
12.						
13.						
14.						
15.						
16.						
17.						
18.						
19.						
20.						
21.						
22.						
23.						
24.						
25.						
26.						
					TOTAUX	
					ANCIEN SOLDE	
					NOUVEAU SOLDE	

MOIS .... **ACHATS**

DATE	NUMERO DE FACTURE	FOURNISSEUR	DESCRIPTION	MODE DE REGLEMENT	MONTANT
1.					
2.					
3.					
4.					
5.					
6.					
7.					
8.					
9.					
10.					
11.					
12.					
13.					
14.					
15.					
16.					
17.					
18.					
19.					
20.					
21.					
22.					
23.					
24.					
25.					
26.					
				TOTAUX	
				ANCIEN SOLDE	
				NOUVEAU SOLDE	

MOIS .... **RECETTES**

DATE	NUMERO DE FACTURE	CLIENT	DESIGNATION	MODE DE REGLEMENT	MONTANT
1.					
2.					
3.					
4.					
5.					
6.					
7.					
8.					
9.					
10.					
11.					
12.					
13.					
14.					
15.					
16.					
17.					
18.					
19.					
20.					
21.					
22.					
23.					
24.					
25.					
26.					
				TOTAUX	
				ANCIEN SOLDE	
				NOUVEAU SOLDE	

MOIS .... **ACHATS**

	DATE	NUMERO DE FACTURE	FOURNISSEUR	DESCRIPTION	MODE DE REGLEMENT	MONTANT
1.						
2.						
3.						
4.						
5.						
6.						
7.						
8.						
9.						
10.						
11.						
12.						
13.						
14.						
15.						
16.						
17.						
18.						
19.						
20.						
21.						
22.						
23.						
24.						
25.						
26.						
					TOTAUX	
					ANCIEN SOLDE	
					NOUVEAU SOLDE	

MOIS .... **RECETTES**

	DATE	NUMERO DE FACTURE	CLIENT	DESIGNATION	MODE DE REGLEMENT	MONTANT
1.						
2.						
3.						
4.						
5.						
6.						
7.						
8.						
9.						
10.						
11.						
12.						
13.						
14.						
15.						
16.						
17.						
18.						
19.						
20.						
21.						
22.						
23.						
24.						
25.						
26.						
					TOTAUX	
					ANCIEN SOLDE	
					NOUVEAU SOLDE	

MOIS .... **ACHATS**

DATE	NUMERO DE FACTURE	FOURNISSEUR	DESCRIPTION	MODE DE REGLEMENT	MONTANT
1.					
2.					
3.					
4.					
5.					
6.					
7.					
8.					
9.					
10.					
11.					
12.					
13.					
14.					
15.					
16.					
17.					
18.					
19.					
20.					
21.					
22.					
23.					
24.					
25.					
26.					
				TOTAUX	
				ANCIEN SOLDE	
				NOUVEAU SOLDE	

MOIS .... **RECETTES**

DATE	NUMERO DE FACTURE	CLIENT	DESIGNATION	MODE DE REGLEMENT	MONTANT
1.					
2.					
3.					
4.					
5.					
6.					
7.					
8.					
9.					
10.					
11.					
12.					
13.					
14.					
15.					
16.					
17.					
18.					
19.					
20.					
21.					
22.					
23.					
24.					
25.					
26.					
				TOTAUX	
				ANCIEN SOLDE	
				NOUVEAU SOLDE	

MOIS .... **ACHATS**

	DATE	NUMERO DE FACTURE	FOURNISSEUR	DESCRIPTION	MODE DE REGLEMENT	MONTANT
1.						
2.						
3.						
4.						
5.						
6.						
7.						
8.						
9.						
10.						
11.						
12.						
13.						
14.						
15.						
16.						
17.						
18.						
19.						
20.						
21.						
22.						
23.						
24.						
25.						
26.						
					TOTAUX	
					ANCIEN SOLDE	
					NOUVEAU SOLDE	

MOIS .... **RECETTES**

	DATE	NUMERO DE FACTURE	CLIENT	DESIGNATION	MODE DE REGLEMENT	MONTANT
1.						
2.						
3.						
4.						
5.						
6.						
7.						
8.						
9.						
10.						
11.						
12.						
13.						
14.						
15.						
16.						
17.						
18.						
19.						
20.						
21.						
22.						
23.						
24.						
25.						
26.						
					TOTAUX	
					ANCIEN SOLDE	
					NOUVEAU SOLDE	

MOIS .... **ACHATS**

	DATE	NUMERO DE FACTURE	FOURNISSEUR	DESCRIPTION	MODE DE REGLEMENT	MONTANT
1.						
2.						
3.						
4.						
5.						
6.						
7.						
8.						
9.						
10.						
11.						
12.						
13.						
14.						
15.						
16.						
17.						
18.						
19.						
20.						
21.						
22.						
23.						
24.						
25.						
26.						
					TOTAUX	
					ANCIEN SOLDE	
					NOUVEAU SOLDE	

MOIS .... **RECETTES**

DATE	NUMERO DE FACTURE	CLIENT	DESIGNATION	MODE DE REGLEMENT	MONTANT
1.					
2.					
3.					
4.					
5.					
6.					
7.					
8.					
9.					
10.					
11.					
12.					
13.					
14.					
15.					
16.					
17.					
18.					
19.					
20.					
21.					
22.					
23.					
24.					
25.					
26.					
				TOTAUX	
				ANCIEN SOLDE	
				NOUVEAU SOLDE	

MOIS .... **ACHATS**

	DATE	NUMERO DE FACTURE	FOURNISSEUR	DESCRIPTION	MODE DE REGLEMENT	MONTANT
1.						
2.						
3.						
4.						
5.						
6.						
7.						
8.						
9.						
10.						
11.						
12.						
13.						
14.						
15.						
16.						
17.						
18.						
19.						
20.						
21.						
22.						
23.						
24.						
25.						
26.						
					TOTAUX	
					ANCIEN SOLDE	
					NOUVEAU SOLDE	

MOIS .... **RECETTES**

	DATE	NUMERO DE FACTURE	CLIENT	DESIGNATION	MODE DE REGLEMENT	MONTANT
1.						
2.						
3.						
4.						
5.						
6.						
7.						
8.						
9.						
10.						
11.						
12.						
13.						
14.						
15.						
16.						
17.						
18.						
19.						
20.						
21.						
22.						
23.						
24.						
25.						
26.						
					TOTAUX	
					ANCIEN SOLDE	
					NOUVEAU SOLDE	

MOIS .... **ACHATS**

DATE	NUMERO DE FACTURE	FOURNISSEUR	DESCRIPTION	MODE DE REGLEMENT	MONTANT
1.					
2.					
3.					
4.					
5.					
6.					
7.					
8.					
9.					
10.					
11.					
12.					
13.					
14.					
15.					
16.					
17.					
18.					
19.					
20.					
21.					
22.					
23.					
24.					
25.					
26.					
				TOTAUX	
				ANCIEN SOLDE	
				NOUVEAU SOLDE	

MOIS .... **RECETTES**

DATE	NUMERO DE FACTURE	CLIENT	DESIGNATION	MODE DE REGLEMENT	MONTANT
1.					
2.					
3.					
4.					
5.					
6.					
7.					
8.					
9.					
10.					
11.					
12.					
13.					
14.					
15.					
16.					
17.					
18.					
19.					
20.					
21.					
22.					
23.					
24.					
25.					
26.					
				TOTAUX	
				ANCIEN SOLDE	
				NOUVEAU SOLDE	

MOIS .... **ACHATS**

	DATE	NUMERO DE FACTURE	FOURNISSEUR	DESCRIPTION	MODE DE REGLEMENT	MONTANT
1.						
2.						
3.						
4.						
5.						
6.						
7.						
8.						
9.						
10.						
11.						
12.						
13.						
14.						
15.						
16.						
17.						
18.						
19.						
20.						
21.						
22.						
23.						
24.						
25.						
26.						
					TOTAUX	
					ANCIEN SOLDE	
					NOUVEAU SOLDE	

MOIS ....

RECETTES

DATE	NUMERO DE FACTURE	CLIENT	DESIGNATION	MODE DE REGLEMENT	MONTANT
1.					
2.					
3.					
4.					
5.					
6.					
7.					
8.					
9.					
10.					
11.					
12.					
13.					
14.					
15.					
16.					
17.					
18.					
19.					
20.					
21.					
22.					
23.					
24.					
25.					
26.					

TOTAUX

ANCIEN SOLDE

NOUVEAU SOLDE

MOIS .... **ACHATS**

	DATE	NUMERO DE FACTURE	FOURNISSEUR	DESCRIPTION	MODE DE REGLEMENT	MONTANT
1.						
2.						
3.						
4.						
5.						
6.						
7.						
8.						
9.						
10.						
11.						
12.						
13.						
14.						
15.						
16.						
17.						
18.						
19.						
20.						
21.						
22.						
23.						
24.						
25.						
26.						
					TOTAUX	
					ANCIEN SOLDE	
					NOUVEAU SOLDE	

MOIS ....

RECETTES

DATE	NUMERO DE FACTURE	CLIENT	DESIGNATION	MODE DE REGLEMENT	MONTANT
1.					
2.					
3.					
4.					
5.					
6.					
7.					
8.					
9.					
10.					
11.					
12.					
13.					
14.					
15.					
16.					
17.					
18.					
19.					
20.					
21.					
22.					
23.					
24.					
25.					
26.					

TOTAUX	
ANCIEN SOLDE	
NOUVEAU SOLDE	

MOIS .... **ACHATS**

	DATE	NUMERO DE FACTURE	FOURNISSEUR	DESCRIPTION	MODE DE REGLEMENT	MONTANT
1.						
2.						
3.						
4.						
5.						
6.						
7.						
8.						
9.						
10.						
11.						
12.						
13.						
14.						
15.						
16.						
17.						
18.						
19.						
20.						
21.						
22.						
23.						
24.						
25.						
26.						
					TOTAUX	
					ANCIEN SOLDE	
					NOUVEAU SOLDE	

MOIS .... **RECETTES**

DATE	NUMERO DE FACTURE	CLIENT	DESIGNATION	MODE DE REGLEMENT	MONTANT
1.					
2.					
3.					
4.					
5.					
6.					
7.					
8.					
9.					
10.					
11.					
12.					
13.					
14.					
15.					
16.					
17.					
18.					
19.					
20.					
21.					
22.					
23.					
24.					
25.					
26.					
				TOTAUX	
				ANCIEN SOLDE	
				NOUVEAU SOLDE	

MOIS .... **ACHATS**

DATE	NUMERO DE FACTURE	FOURNISSEUR	DESCRIPTION	MODE DE REGLEMENT	MONTANT
1.					
2.					
3.					
4.					
5.					
6.					
7.					
8.					
9.					
10.					
11.					
12.					
13.					
14.					
15.					
16.					
17.					
18.					
19.					
20.					
21.					
22.					
23.					
24.					
25.					
26.					
				TOTAUX	
				ANCIEN SOLDE	
				NOUVEAU SOLDE	

MOIS ....

RECETTES

DATE	NUMERO DE FACTURE	CLIENT	DESIGNATION	MODE DE REGLEMENT	MONTANT
1.					
2.					
3.					
4.					
5.					
6.					
7.					
8.					
9.					
10.					
11.					
12.					
13.					
14.					
15.					
16.					
17.					
18.					
19.					
20.					
21.					
22.					
23.					
24.					
25.					
26.					
				TOTAUX	
				ANCIEN SOLDE	
				NOUVEAU SOLDE	

MOIS ....   **ACHATS**

DATE	NUMERO DE FACTURE	FOURNISSEUR	DESCRIPTION	MODE DE REGLEMENT	MONTANT
1.					
2.					
3.					
4.					
5.					
6.					
7.					
8.					
9.					
10.					
11.					
12.					
13.					
14.					
15.					
16.					
17.					
18.					
19.					
20.					
21.					
22.					
23.					
24.					
25.					
26.					
				TOTAUX	
				ANCIEN SOLDE	
				NOUVEAU SOLDE	

MOIS .... **RECETTES**

DATE	NUMERO DE FACTURE	CLIENT	DESIGNATION	MODE DE REGLEMENT	MONTANT
1.					
2.					
3.					
4.					
5.					
6.					
7.					
8.					
9.					
10.					
11.					
12.					
13.					
14.					
15.					
16.					
17.					
18.					
19.					
20.					
21.					
22.					
23.					
24.					
25.					
26.					

TOTAUX	
ANCIEN SOLDE	
NOUVEAU SOLDE	

MOIS .... **ACHATS**

	DATE	NUMERO DE FACTURE	FOURNISSEUR	DESCRIPTION	MODE DE REGLEMENT	MONTANT
1.						
2.						
3.						
4.						
5.						
6.						
7.						
8.						
9.						
10.						
11.						
12.						
13.						
14.						
15.						
16.						
17.						
18.						
19.						
20.						
21.						
22.						
23.						
24.						
25.						
26.						
					TOTAUX	
					ANCIEN SOLDE	
					NOUVEAU SOLDE	

MOIS ....

RECETTES

DATE	NUMERO DE FACTURE	CLIENT	DESIGNATION	MODE DE REGLEMENT	MONTANT
1.					
2.					
3.					
4.					
5.					
6.					
7.					
8.					
9.					
10.					
11.					
12.					
13.					
14.					
15.					
16.					
17.					
18.					
19.					
20.					
21.					
22.					
23.					
24.					
25.					
26.					
				TOTAUX	
				ANCIEN SOLDE	
				NOUVEAU SOLDE	

MOIS ....   **ACHATS**

	DATE	NUMERO DE FACTURE	FOURNISSEUR	DESCRIPTION	MODE DE REGLEMENT	MONTANT
1.						
2.						
3.						
4.						
5.						
6.						
7.						
8.						
9.						
10.						
11.						
12.						
13.						
14.						
15.						
16.						
17.						
18.						
19.						
20.						
21.						
22.						
23.						
24.						
25.						
26.						
					TOTAUX	
					ANCIEN SOLDE	
					NOUVEAU SOLDE	

MOIS .... **RECETTES**

DATE	NUMERO DE FACTURE	CLIENT	DESIGNATION	MODE DE REGLEMENT	MONTANT
1.					
2.					
3.					
4.					
5.					
6.					
7.					
8.					
9.					
10.					
11.					
12.					
13.					
14.					
15.					
16.					
17.					
18.					
19.					
20.					
21.					
22.					
23.					
24.					
25.					
26.					

	MONTANT
TOTAUX	
ANCIEN SOLDE	
NOUVEAU SOLDE	

MOIS .... **ACHATS**

	DATE	NUMERO DE FACTURE	FOURNISSEUR	DESCRIPTION	MODE DE REGLEMENT	MONTANT
1.						
2.						
3.						
4.						
5.						
6.						
7.						
8.						
9.						
10.						
11.						
12.						
13.						
14.						
15.						
16.						
17.						
18.						
19.						
20.						
21.						
22.						
23.						
24.						
25.						
26.						
					TOTAUX	
					ANCIEN SOLDE	
					NOUVEAU SOLDE	

MOIS ....   **RECETTES**

	DATE	NUMERO DE FACTURE	CLIENT	DESIGNATION	MODE DE REGLEMENT	MONTANT
1.						
2.						
3.						
4.						
5.						
6.						
7.						
8.						
9.						
10.						
11.						
12.						
13.						
14.						
15.						
16.						
17.						
18.						
19.						
20.						
21.						
22.						
23.						
24.						
25.						
26.						
					TOTAUX	
					ANCIEN SOLDE	
					NOUVEAU SOLDE	

MOIS .... **ACHATS**

	DATE	NUMERO DE FACTURE	FOURNISSEUR	DESCRIPTION	MODE DE REGLEMENT	MONTANT
1.						
2.						
3.						
4.						
5.						
6.						
7.						
8.						
9.						
10.						
11.						
12.						
13.						
14.						
15.						
16.						
17.						
18.						
19.						
20.						
21.						
22.						
23.						
24.						
25.						
26.						
					TOTAUX	
					ANCIEN SOLDE	
					NOUVEAU SOLDE	

MOIS .... **RECETTES**

DATE	NUMERO DE FACTURE	CLIENT	DESIGNATION	MODE DE REGLEMENT	MONTANT
1.					
2.					
3.					
4.					
5.					
6.					
7.					
8.					
9.					
10.					
11.					
12.					
13.					
14.					
15.					
16.					
17.					
18.					
19.					
20.					
21.					
22.					
23.					
24.					
25.					
26.					
				TOTAUX	
				ANCIEN SOLDE	
				NOUVEAU SOLDE	

MOIS .... **ACHATS**

	DATE	NUMERO DE FACTURE	FOURNISSEUR	DESCRIPTION	MODE DE REGLEMENT	MONTANT
1.						
2.						
3.						
4.						
5.						
6.						
7.						
8.						
9.						
10.						
11.						
12.						
13.						
14.						
15.						
16.						
17.						
18.						
19.						
20.						
21.						
22.						
23.						
24.						
25.						
26.						
					TOTAUX	
					ANCIEN SOLDE	
					NOUVEAU SOLDE	

MOIS .... **RECETTES**

DATE	NUMERO DE FACTURE	CLIENT	DESIGNATION	MODE DE REGLEMENT	MONTANT
1.					
2.					
3.					
4.					
5.					
6.					
7.					
8.					
9.					
10.					
11.					
12.					
13.					
14.					
15.					
16.					
17.					
18.					
19.					
20.					
21.					
22.					
23.					
24.					
25.					
26.					
				TOTAUX	
				ANCIEN SOLDE	
				NOUVEAU SOLDE	

MOIS ....

ACHATS

	DATE	NUMERO DE FACTURE	FOURNISSEUR	DESCRIPTION	MODE DE REGLEMENT	MONTANT
1.						
2.						
3.						
4.						
5.						
6.						
7.						
8.						
9.						
10.						
11.						
12.						
13.						
14.						
15.						
16.						
17.						
18.						
19.						
20.						
21.						
22.						
23.						
24.						
25.						
26.						
					TOTAUX	
					ANCIEN SOLDE	
					NOUVEAU SOLDE	

MOIS ....   **RECETTES**

	DATE	NUMERO DE FACTURE	CLIENT	DESIGNATION	MODE DE REGLEMENT	MONTANT
1.						
2.						
3.						
4.						
5.						
6.						
7.						
8.						
9.						
10.						
11.						
12.						
13.						
14.						
15.						
16.						
17.						
18.						
19.						
20.						
21.						
22.						
23.						
24.						
25.						
26.						
					TOTAUX	
					ANCIEN SOLDE	
					NOUVEAU SOLDE	

MOIS ....

ACHATS

	DATE	NUMERO DE FACTURE	FOURNISSEUR	DESCRIPTION	MODE DE REGLEMENT	MONTANT
1.						
2.						
3.						
4.						
5.						
6.						
7.						
8.						
9.						
10.						
11.						
12.						
13.						
14.						
15.						
16.						
17.						
18.						
19.						
20.						
21.						
22.						
23.						
24.						
25.						
26.						
					TOTAUX	
					ANCIEN SOLDE	
					NOUVEAU SOLDE	

MOIS .... **RECETTES**

DATE	NUMERO DE FACTURE	CLIENT	DESIGNATION	MODE DE REGLEMENT	MONTANT
1.					
2.					
3.					
4.					
5.					
6.					
7.					
8.					
9.					
10.					
11.					
12.					
13.					
14.					
15.					
16.					
17.					
18.					
19.					
20.					
21.					
22.					
23.					
24.					
25.					
26.					
				TOTAUX	
				ANCIEN SOLDE	
				NOUVEAU SOLDE	

MOIS .... **ACHATS**

	DATE	NUMERO DE FACTURE	FOURNISSEUR	DESCRIPTION	MODE DE REGLEMENT	MONTANT
1.						
2.						
3.						
4.						
5.						
6.						
7.						
8.						
9.						
10.						
11.						
12.						
13.						
14.						
15.						
16.						
17.						
18.						
19.						
20.						
21.						
22.						
23.						
24.						
25.						
26.						
					TOTAUX	
					ANCIEN SOLDE	
					NOUVEAU SOLDE	

MOIS .... **RECETTES**

	DATE	NUMERO DE FACTURE	CLIENT	DESIGNATION	MODE DE REGLEMENT	MONTANT
1.						
2.						
3.						
4.						
5.						
6.						
7.						
8.						
9.						
10.						
11.						
12.						
13.						
14.						
15.						
16.						
17.						
18.						
19.						
20.						
21.						
22.						
23.						
24.						
25.						
26.						
					TOTAUX	
					ANCIEN SOLDE	
					NOUVEAU SOLDE	

MOIS .... **ACHATS**

	DATE	NUMERO DE FACTURE	FOURNISSEUR	DESCRIPTION	MODE DE REGLEMENT	MONTANT
1.						
2.						
3.						
4.						
5.						
6.						
7.						
8.						
9.						
10.						
11.						
12.						
13.						
14.						
15.						
16.						
17.						
18.						
19.						
20.						
21.						
22.						
23.						
24.						
25.						
26.						
					TOTAUX	
					ANCIEN SOLDE	
					NOUVEAU SOLDE	

MOIS .... **RECETTES**

DATE	NUMERO DE FACTURE	CLIENT	DESIGNATION	MODE DE REGLEMENT	MONTANT
1.					
2.					
3.					
4.					
5.					
6.					
7.					
8.					
9.					
10.					
11.					
12.					
13.					
14.					
15.					
16.					
17.					
18.					
19.					
20.					
21.					
22.					
23.					
24.					
25.					
26.					

TOTAUX

ANCIEN SOLDE

NOUVEAU SOLDE

MOIS ....   **ACHATS**

	DATE	NUMERO DE FACTURE	FOURNISSEUR	DESCRIPTION	MODE DE REGLEMENT	MONTANT
1.						
2.						
3.						
4.						
5.						
6.						
7.						
8.						
9.						
10.						
11.						
12.						
13.						
14.						
15.						
16.						
17.						
18.						
19.						
20.						
21.						
22.						
23.						
24.						
25.						
26.						
					TOTAUX	
					ANCIEN SOLDE	
					NOUVEAU SOLDE	

MOIS .... **RECETTES**

DATE	NUMERO DE FACTURE	CLIENT	DESIGNATION	MODE DE REGLEMENT	MONTANT
1.					
2.					
3.					
4.					
5.					
6.					
7.					
8.					
9.					
10.					
11.					
12.					
13.					
14.					
15.					
16.					
17.					
18.					
19.					
20.					
21.					
22.					
23.					
24.					
25.					
26.					
				TOTAUX	
				ANCIEN SOLDE	
				NOUVEAU SOLDE	

MOIS .... **ACHATS**

DATE	NUMERO DE FACTURE	FOURNISSEUR	DESCRIPTION	MODE DE REGLEMENT	MONTANT
1.					
2.					
3.					
4.					
5.					
6.					
7.					
8.					
9.					
10.					
11.					
12.					
13.					
14.					
15.					
16.					
17.					
18.					
19.					
20.					
21.					
22.					
23.					
24.					
25.					
26.					
				TOTAUX	
				ANCIEN SOLDE	
				NOUVEAU SOLDE	

MOIS ....

RECETTES

DATE	NUMERO DE FACTURE	CLIENT	DESIGNATION	MODE DE REGLEMENT	MONTANT
1.					
2.					
3.					
4.					
5.					
6.					
7.					
8.					
9.					
10.					
11.					
12.					
13.					
14.					
15.					
16.					
17.					
18.					
19.					
20.					
21.					
22.					
23.					
24.					
25.					
26.					
				TOTAUX	
				ANCIEN SOLDE	
				NOUVEAU SOLDE	

MOIS ....

ACHATS

	DATE	NUMERO DE FACTURE	FOURNISSEUR	DESCRIPTION	MODE DE REGLEMENT	MONTANT
1.						
2.						
3.						
4.						
5.						
6.						
7.						
8.						
9.						
10.						
11.						
12.						
13.						
14.						
15.						
16.						
17.						
18.						
19.						
20.						
21.						
22.						
23.						
24.						
25.						
26.						
					TOTAUX	
					ANCIEN SOLDE	
					NOUVEAU SOLDE	

MOIS .... **RECETTES**

	DATE	NUMERO DE FACTURE	CLIENT	DESIGNATION	MODE DE REGLEMENT	MONTANT
1.						
2.						
3.						
4.						
5.						
6.						
7.						
8.						
9.						
10.						
11.						
12.						
13.						
14.						
15.						
16.						
17.						
18.						
19.						
20.						
21.						
22.						
23.						
24.						
25.						
26.						
					TOTAUX	
					ANCIEN SOLDE	
					NOUVEAU SOLDE	

MOIS .... **ACHATS**

	DATE	NUMERO DE FACTURE	FOURNISSEUR	DESCRIPTION	MODE DE REGLEMENT	MONTANT
1.						
2.						
3.						
4.						
5.						
6.						
7.						
8.						
9.						
10.						
11.						
12.						
13.						
14.						
15.						
16.						
17.						
18.						
19.						
20.						
21.						
22.						
23.						
24.						
25.						
26.						
					TOTAUX	
					ANCIEN SOLDE	
					NOUVEAU SOLDE	

MOIS ....

RECETTES

DATE	NUMERO DE FACTURE	CLIENT	DESIGNATION	MODE DE REGLEMENT	MONTANT
1.					
2.					
3.					
4.					
5.					
6.					
7.					
8.					
9.					
10.					
11.					
12.					
13.					
14.					
15.					
16.					
17.					
18.					
19.					
20.					
21.					
22.					
23.					
24.					
25.					
26.					
				TOTAUX	
				ANCIEN SOLDE	
				NOUVEAU SOLDE	

MOIS .... **ACHATS**

DATE	NUMERO DE FACTURE	FOURNISSEUR	DESCRIPTION	MODE DE REGLEMENT	MONTANT
1.					
2.					
3.					
4.					
5.					
6.					
7.					
8.					
9.					
10.					
11.					
12.					
13.					
14.					
15.					
16.					
17.					
18.					
19.					
20.					
21.					
22.					
23.					
24.					
25.					
26.					
				TOTAUX	
				ANCIEN SOLDE	
				NOUVEAU SOLDE	

MOIS .... **RECETTES**

	DATE	NUMERO DE FACTURE	CLIENT	DESIGNATION	MODE DE REGLEMENT	MONTANT
1.						
2.						
3.						
4.						
5.						
6.						
7.						
8.						
9.						
10.						
11.						
12.						
13.						
14.						
15.						
16.						
17.						
18.						
19.						
20.						
21.						
22.						
23.						
24.						
25.						
26.						
					TOTAUX	
					ANCIEN SOLDE	
					NOUVEAU SOLDE	

MOIS .... **ACHATS**

DATE	NUMERO DE FACTURE	FOURNISSEUR	DESCRIPTION	MODE DE REGLEMENT	MONTANT
1.					
2.					
3.					
4.					
5.					
6.					
7.					
8.					
9.					
10.					
11.					
12.					
13.					
14.					
15.					
16.					
17.					
18.					
19.					
20.					
21.					
22.					
23.					
24.					
25.					
26.					
				TOTAUX	
				ANCIEN SOLDE	
				NOUVEAU SOLDE	

MOIS .... **RECETTES**

DATE	NUMERO DE FACTURE	CLIENT	DESIGNATION	MODE DE REGLEMENT	MONTANT
1.					
2.					
3.					
4.					
5.					
6.					
7.					
8.					
9.					
10.					
11.					
12.					
13.					
14.					
15.					
16.					
17.					
18.					
19.					
20.					
21.					
22.					
23.					
24.					
25.					
26.					
				TOTAUX	
				ANCIEN SOLDE	
				NOUVEAU SOLDE	

MOIS .... **ACHATS**

DATE	NUMERO DE FACTURE	FOURNISSEUR	DESCRIPTION	MODE DE REGLEMENT	MONTANT
1.					
2.					
3.					
4.					
5.					
6.					
7.					
8.					
9.					
10.					
11.					
12.					
13.					
14.					
15.					
16.					
17.					
18.					
19.					
20.					
21.					
22.					
23.					
24.					
25.					
26.					
				TOTAUX	
				ANCIEN SOLDE	
				NOUVEAU SOLDE	

MOIS .... **RECETTES**

	DATE	NUMERO DE FACTURE	CLIENT	DESIGNATION	MODE DE REGLEMENT	MONTANT
1.						
2.						
3.						
4.						
5.						
6.						
7.						
8.						
9.						
10.						
11.						
12.						
13.						
14.						
15.						
16.						
17.						
18.						
19.						
20.						
21.						
22.						
23.						
24.						
25.						
26.						
					TOTAUX	
					ANCIEN SOLDE	
					NOUVEAU SOLDE	

MOIS .... # ACHATS

DATE	NUMERO DE FACTURE	FOURNISSEUR	DESCRIPTION	MODE DE REGLEMENT	MONTANT
1.					
2.					
3.					
4.					
5.					
6.					
7.					
8.					
9.					
10.					
11.					
12.					
13.					
14.					
15.					
16.					
17.					
18.					
19.					
20.					
21.					
22.					
23.					
24.					
25.					
26.					
				TOTAUX	
				ANCIEN SOLDE	
				NOUVEAU SOLDE	

MOIS ....

RECETTES

DATE	NUMERO DE FACTURE	CLIENT	DESIGNATION	MODE DE REGLEMENT	MONTANT
1.					
2.					
3.					
4.					
5.					
6.					
7.					
8.					
9.					
10.					
11.					
12.					
13.					
14.					
15.					
16.					
17.					
18.					
19.					
20.					
21.					
22.					
23.					
24.					
25.					
26.					
				TOTAUX	
				ANCIEN SOLDE	
				NOUVEAU SOLDE	

MOIS ....   **ACHATS**

	DATE	NUMERO DE FACTURE	FOURNISSEUR	DESCRIPTION	MODE DE REGLEMENT	MONTANT
1.						
2.						
3.						
4.						
5.						
6.						
7.						
8.						
9.						
10.						
11.						
12.						
13.						
14.						
15.						
16.						
17.						
18.						
19.						
20.						
21.						
22.						
23.						
24.						
25.						
26.						
					TOTAUX	
					ANCIEN SOLDE	
					NOUVEAU SOLDE	

MOIS .... **RECETTES**

DATE	NUMERO DE FACTURE	CLIENT	DESIGNATION	MODE DE REGLEMENT	MONTANT
1.					
2.					
3.					
4.					
5.					
6.					
7.					
8.					
9.					
10.					
11.					
12.					
13.					
14.					
15.					
16.					
17.					
18.					
19.					
20.					
21.					
22.					
23.					
24.					
25.					
26.					
				TOTAUX	
				ANCIEN SOLDE	
				NOUVEAU SOLDE	

MOIS .... # ACHATS

DATE	NUMERO DE FACTURE	FOURNISSEUR	DESCRIPTION	MODE DE REGLEMENT	MONTANT
1.					
2.					
3.					
4.					
5.					
6.					
7.					
8.					
9.					
10.					
11.					
12.					
13.					
14.					
15.					
16.					
17.					
18.					
19.					
20.					
21.					
22.					
23.					
24.					
25.					
26.					
				TOTAUX	
				ANCIEN SOLDE	
				NOUVEAU SOLDE	

MOIS ....

RECETTES

DATE	NUMERO DE FACTURE	CLIENT	DESIGNATION	MODE DE REGLEMENT	MONTANT
1.					
2.					
3.					
4.					
5.					
6.					
7.					
8.					
9.					
10.					
11.					
12.					
13.					
14.					
15.					
16.					
17.					
18.					
19.					
20.					
21.					
22.					
23.					
24.					
25.					
26.					
				TOTAUX	
				ANCIEN SOLDE	
				NOUVEAU SOLDE	

MOIS .... **ACHATS**

	DATE	NUMERO DE FACTURE	FOURNISSEUR	DESCRIPTION	MODE DE REGLEMENT	MONTANT
1.						
2.						
3.						
4.						
5.						
6.						
7.						
8.						
9.						
10.						
11.						
12.						
13.						
14.						
15.						
16.						
17.						
18.						
19.						
20.						
21.						
22.						
23.						
24.						
25.						
26.						
					TOTAUX	
					ANCIEN SOLDE	
					NOUVEAU SOLDE	

MOIS .... **RECETTES**

DATE	NUMERO DE FACTURE	CLIENT	DESIGNATION	MODE DE REGLEMENT	MONTANT
1.					
2.					
3.					
4.					
5.					
6.					
7.					
8.					
9.					
10.					
11.					
12.					
13.					
14.					
15.					
16.					
17.					
18.					
19.					
20.					
21.					
22.					
23.					
24.					
25.					
26.					
				TOTAUX	
				ANCIEN SOLDE	
				NOUVEAU SOLDE	

MOIS ....

ACHATS

DATE	NUMERO DE FACTURE	FOURNISSEUR	DESCRIPTION	MODE DE REGLEMENT	MONTANT
1.					
2.					
3.					
4.					
5.					
6.					
7.					
8.					
9.					
10.					
11.					
12.					
13.					
14.					
15.					
16.					
17.					
18.					
19.					
20.					
21.					
22.					
23.					
24.					
25.					
26.					
				TOTAUX	
				ANCIEN SOLDE	
				NOUVEAU SOLDE	

MOIS ....

RECETTES

DATE	NUMERO DE FACTURE	CLIENT	DESIGNATION	MODE DE REGLEMENT	MONTANT
1.					
2.					
3.					
4.					
5.					
6.					
7.					
8.					
9.					
10.					
11.					
12.					
13.					
14.					
15.					
16.					
17.					
18.					
19.					
20.					
21.					
22.					
23.					
24.					
25.					
26.					

TOTAUX	
ANCIEN SOLDE	
NOUVEAU SOLDE	

MOIS .... **ACHATS**

	DATE	NUMERO DE FACTURE	FOURNISSEUR	DESCRIPTION	MODE DE REGLEMENT	MONTANT
1.						
2.						
3.						
4.						
5.						
6.						
7.						
8.						
9.						
10.						
11.						
12.						
13.						
14.						
15.						
16.						
17.						
18.						
19.						
20.						
21.						
22.						
23.						
24.						
25.						
26.						
					TOTAUX	
					ANCIEN SOLDE	
					NOUVEAU SOLDE	

MOIS ....

RECETTES

DATE	NUMERO DE FACTURE	CLIENT	DESIGNATION	MODE DE REGLEMENT	MONTANT
1.					
2.					
3.					
4.					
5.					
6.					
7.					
8.					
9.					
10.					
11.					
12.					
13.					
14.					
15.					
16.					
17.					
18.					
19.					
20.					
21.					
22.					
23.					
24.					
25.					
26.					
				TOTAUX	
				ANCIEN SOLDE	
				NOUVEAU SOLDE	

MOIS .... # ACHATS

	DATE	NUMERO DE FACTURE	FOURNISSEUR	DESCRIPTION	MODE DE REGLEMENT	MONTANT
1.						
2.						
3.						
4.						
5.						
6.						
7.						
8.						
9.						
10.						
11.						
12.						
13.						
14.						
15.						
16.						
17.						
18.						
19.						
20.						
21.						
22.						
23.						
24.						
25.						
26.						
					TOTAUX	
					ANCIEN SOLDE	
					NOUVEAU SOLDE	

MOIS .... **RECETTES**

DATE	NUMERO DE FACTURE	CLIENT	DESIGNATION	MODE DE REGLEMENT	MONTANT
1.					
2.					
3.					
4.					
5.					
6.					
7.					
8.					
9.					
10.					
11.					
12.					
13.					
14.					
15.					
16.					
17.					
18.					
19.					
20.					
21.					
22.					
23.					
24.					
25.					
26.					
				TOTAUX	
				ANCIEN SOLDE	
				NOUVEAU SOLDE	

MOIS .... **ACHATS**

	DATE	NUMERO DE FACTURE	FOURNISSEUR	DESCRIPTION	MODE DE REGLEMENT	MONTANT
1.						
2.						
3.						
4.						
5.						
6.						
7.						
8.						
9.						
10.						
11.						
12.						
13.						
14.						
15.						
16.						
17.						
18.						
19.						
20.						
21.						
22.						
23.						
24.						
25.						
26.						
					TOTAUX	
					ANCIEN SOLDE	
					NOUVEAU SOLDE	

MOIS .... **RECETTES**

DATE	NUMERO DE FACTURE	CLIENT	DESIGNATION	MODE DE REGLEMENT	MONTANT
1.					
2.					
3.					
4.					
5.					
6.					
7.					
8.					
9.					
10.					
11.					
12.					
13.					
14.					
15.					
16.					
17.					
18.					
19.					
20.					
21.					
22.					
23.					
24.					
25.					
26.					
				TOTAUX	
				ANCIEN SOLDE	
				NOUVEAU SOLDE	

MOIS ....

ACHATS

	DATE	NUMERO DE FACTURE	FOURNISSEUR	DESCRIPTION	MODE DE REGLEMENT	MONTANT
1.						
2.						
3.						
4.						
5.						
6.						
7.						
8.						
9.						
10.						
11.						
12.						
13.						
14.						
15.						
16.						
17.						
18.						
19.						
20.						
21.						
22.						
23.						
24.						
25.						
26.						
					TOTAUX	
					ANCIEN SOLDE	
					NOUVEAU SOLDE	

MOIS ....

RECETTES

	DATE	NUMERO DE FACTURE	CLIENT	DESIGNATION	MODE DE REGLEMENT	MONTANT
1.						
2.						
3.						
4.						
5.						
6.						
7.						
8.						
9.						
10.						
11.						
12.						
13.						
14.						
15.						
16.						
17.						
18.						
19.						
20.						
21.						
22.						
23.						
24.						
25.						
26.						
					TOTAUX	
					ANCIEN SOLDE	
					NOUVEAU SOLDE	

MOIS .... **ACHATS**

	DATE	NUMERO DE FACTURE	FOURNISSEUR	DESCRIPTION	MODE DE REGLEMENT	MONTANT
1.						
2.						
3.						
4.						
5.						
6.						
7.						
8.						
9.						
10.						
11.						
12.						
13.						
14.						
15.						
16.						
17.						
18.						
19.						
20.						
21.						
22.						
23.						
24.						
25.						
26.						
					TOTAUX	
					ANCIEN SOLDE	
					NOUVEAU SOLDE	

MOIS .... **RECETTES**

	DATE	NUMERO DE FACTURE	CLIENT	DESIGNATION	MODE DE REGLEMENT	MONTANT
1.						
2.						
3.						
4.						
5.						
6.						
7.						
8.						
9.						
10.						
11.						
12.						
13.						
14.						
15.						
16.						
17.						
18.						
19.						
20.						
21.						
22.						
23.						
24.						
25.						
26.						
					TOTAUX	
					ANCIEN SOLDE	
					NOUVEAU SOLDE	

www.ingramcontent.com/pod-product-compliance
Lightning Source LLC
Chambersburg PA
CBHW060420220526
45465CB00008B/2954